W0084627

Welch ein Singen, Musizieren

Geschichten & Gedanken
unserer gefiederten Freunde

Frühlings Ankunft

Alle Vögel sind schon da,
alle Vögel, alle!
Welch ein Singen, Musiziern,
Pfeifen, Zwitschern, Tiriliern!
Frühling will nun einmarschiern,
kommt mit Sang und Schalle.

Wie sie alle lustig sind,
flink und froh sich regen!
Amsel, Drossel, Fink und Star
und die ganze Vogelschar
wünschen dir ein frohes Jahr,
lauter Heil und Segen.

Was sie uns verkünden nun,
nehmen wir zu Herzen:
Wir auch wollen lustig sein,
lustig wie die Vögelein,
hier und dort, feldaus, feldein,
singen, springen, scherzen.

August Heinrich Hoffmann von Fallersleben

Welch ein Singen, Musizieren

Geschichten & Gedanken
unserer gefiederten Freunde

benno

Bibliografische Information der Deutschen Nationalbibliothek
Die Deutsche Nationalbibliothek verzeichnet diese
Publikation in der Deutschen Nationalbibliografie;
detaillierte bibliografische Daten sind im Internet unter
http://dnb.d-nb.de abrufbar.

Besuchen Sie uns im Internet:
www.st-benno.de

Gern informieren wir Sie unverbindlich und aktuell
auch in unserem Newsletter zum Verlagsprogramm,
zu Neuerscheinungen und Aktionen.
Einfach anmelden unter www.st-benno.de.

ISBN 978-3-7462-6082-2

© St. Benno Verlag GmbH, Leipzig
Zusammenstellung: Volker Bauch, Leipzig
Umschlaggestaltung: Britta Rungwerth, Düsseldorf
Gesamtherstellung: Kontext, Dresden (A)

INHALTSVERZEICHNIS

Amsel, Drossel, Fink und Star –
Das poetische Frühlingsvögel-Lexikon

Alle
Vögel sind schon da

Des ersten Frühlings Glückerleben
wird wieder mir so greifbar nah.
Ach, „alle Vögel sind schon da"!
Ich seh' sie durch das Zimmer
schweben.

Karl Kraus

Herzenskönigin

Ihr bunten Frühlingssänger zieht
Über Wald und Heide mit meinem Lied!
Du wilder rasender Frühlingswind
Grüß' in der Ferne mein goldiges Kind!
Braus' über die weite Heide hin,
Grüß' meine Herzenskönigin!

Heinrich Vogeler

Das große Aufatmen

Schneebatzen fielen von den Bäumen, und der Wald reckte sich, alles war in Bewegung, und manche Schneebatzen hatten Taubengröße, und manche Schneebatzen hatten Storchengröße, und mein Pferd benötigte mehr als eine Stunde, um sich an die niederfallenden WEISSEN VÖGEL zu gewöhnen.

Die Kiefern säuberten sich beim Niederfall der „plumpen Vögel" von ihren abgestorbenen Nadeln, und von den Steineichen- und den Buchenbüschen fielen die Vorjahrsblätter, und sie leuchteten wie Tropfen von Heid- und von Rapshonig auf der narbigen Schneedecke der Wege.

Es ging kein Wind, und doch bewegte sich der Wald den ganzen Nachmittag, weil die Luft einige Grade wärmer geworden war und den Schnee von den Rinden löste. All die Tage zuvor hatte ich den stillen Widerstand der Äste und die Kraft, die die Zweige dem lastenden Schnee entgegensetzten, nicht bemerkt, aber jetzt zeigte mir jeder Ast und jeder Zweig, was er ertragen hatte, und jeder tat seinen Freudensprung, wenn die Schneebatzen von ihm abfielen.

Gegen Abend wurde es stiller in den Bäumen und als ich mich beim Heimritt umsah, stand der Wald blauschwarz vor dem Horizont, und ein großes Aufatmen schwebte darüber.

Erwin Strittmatter

Dem Frühling auf der Spur

Der alte Professor führte uns als junge Amateurdetektive in die Osternatur vor der Stadt. Wir versorgten sein Institut mit funkelnagelneuen Frühlingsspuren. In allen Ländern zogen zu gleicher Zeit junge Detektive über Feld oder auf die Berge. Diese Institute hatten Spaß daran, die frühesten Blüten in den unterschiedlichsten Gebieten aufzuscheuchen, um dem Klima hinter den Wandschirm zu gucken. Das Rhonetal, die Bergstraße, Baden-Baden, der Rheingau sind ihre Hätschelkinder, dort wird was geboten. Sie richten ihre Periskope ins Gebirge nach dem ersten Seidelbast. Sie verehren die rau angeblasenen Nordseeinseln wie Hypochonder ihre kleinen Neuralgien. Bei uns begann der Frühling mit der ersten Schlüsselblume und der Schlamperei eines im Freien geschälten Ostereis zwischen Leberblümchen und jungem Schöllkaut. Vorerst stampften wir jung und dumm durch knöcheltiefen Matsch, über uns zwitscherten Vögel, die wir nicht beim Namen nennen konnten.

„Der liebe Gott", hob der Professor den Finger, während der Osterschlamm über seine Gummischuhe patschte, „hat neben die Sonnenuhr noch eine kleine Vogeluhr in die Landschaft gelegt. Den ersten Frühstundenschlag schlägt ..."

„Die Nachtigall, wer sonst ...!", rief ein Flegel vorlaut dazwischen, dem ein Groschenheft aus der Rucksacktasche spitzte.

„Nein, der Buchfink. Aber seine kleine Uhr geht erst im vollen Frühling genau. Gegen halb zwei beginnt er mit ‚fink-bink‘, eine halbe Stunde später fängt die Grasmücke an, gegen halb drei meldet sich die erste Nebelkrähe, dann schlägt die nahrhafte Wachtel und genau um drei knattert und tackt das Gartenrotschwänzchen sein ‚uit uit tek tek tek‘ ...“

Es gelang ihm so miserabel, sich als Rotschwänzchen aufzuführen, dass aus unseren Reihen so lange „uit tek tek“-Versuche kamen, bis wir wie grunzende Wildschweine durch den Frühling tappsten. Er erklärte unverdrossen, dass sich das Geschluchz der Amseln bis vier Uhr anschlösse, und nach Turteltauben-, Wasserenten- und Spechtlärm begänne der Chor der skandalierenden Laubsänger, worauf die Sumpfmeisen – na, Sumpf hatten wir hier zu bieten! – mit „hitzi-hitzi-lidädä“ in den dämmernden Morgen drängten. „Dann erst“, drehte er sich drohend zu den Halbwüchsigen um, die das Vogelkonzert auf Kämmen zu bereichern suchten, „kommen die ordinären Querulanten aus den Reihen der unverschämten Spatzen und geschwätzigen Hühner. Gegen fünf kullern, gackern und kreischen die Hennen, die Spatzen zetern in ihrer Gassensprache Ausdrücke – man mag sie auf Menschlich gar nicht wiederholen.“

Obzwar einige versuchten, die Lenz-Zurufe der Fünfuhrspatzen auf Menschlich zu erraten, wurden wir jetzt gedämpfter. Als Naturfreunde konnten wir von unserem Tal erwarten, dass der Frühling seinen Einzug mit Busch-windröschen, Palmkätzchen und Märzbechern einigermaßen gut gekleidet angetreten hatte. „Veilchen, Efeu und Gänseblümchen", lehrte der Professor vor einem kältezitternden Duck-mäuserveilchen, „lassen sich vom Frost nicht unterkriegen." Gänseblümchen waren damals so wenig da wie jetzt, obwohl wir wie Römer hinter diesen Sabinerinnen der Wiese her wa-ren. Denn wer die drei ersten Gänseblümchen frischweg verschlingt, hatte er verkündet, si-chert sich gegen Zahnweh und Fieber. Als er auf einer Halde erfrorene Osterbrennnesseln aufstöberte, verzog er betrübt seine Hörbi-ger-Falten: „Der Spinat der Armen", klagte er, „kaputt. Junge Brennnesseln sind zu zart, um Eisbildung in ihrem Körpergewebe zu überste-hen."

Danach stießen wir auf gelb überwucherte Schutthalden, die der Professor übertrieben begeistert als „goldene Jagdgründe unseres Freundes Tussilago" anrief: „Die plump ge-zackten Blätter, die sich erst nach der Blüte ein-stellen", erklärte er, „gleichen staubigen Pfer-dehufen. Rosshuf oder Fohlenfuß nannten sie die Alten, die schon lang vor der Einführung des indianischen Tabaks den Rauch getrockne-ten Huflattichs einatmeten, um vom Asthma befreit zu werden."

Zu Hause stopfte ich kurz nach diesem Ein-blick in das musterhafte Tun der Alten eine kleine Pfeife mit Huflattichtee – sie stank un-bekömmlich zum Frühlingshimmel, reizte zu furchtbarem Husten und verdunkelte mit ihrem Qualm den trompetengelben Forsythienbusch vor dem Fenster, bis er sich vor meinen Augen drehte.

Zwei Mädchen mit Lauten zogen den Fährtensuchern des Frühlings an der Spitze voran, zwei weitere wurden uns von den knipsenden Amateuren entrissen, die sie unbedingt unter den Eiszapfen einer Grotte fotografieren wollten, wobei sie dann verloren gingen. Der wissenschaftliche Ernst nahm nach dieser Auslichtung wohltuend zu. „Drei Tage braucht der Frühling", dozierte der Professor, „um hundert Meter hochzuklettern, manchmal vier. Einen Breitengrad schafft er auf seiner Wanderung durch die Burgundische Pforte über den Bodensee und vom Gebirge talwärts in gut vier Tagen. Wie viel beträgt ein Breitengrad?" Wir rieten zwischen 10 und 1000 Kilometern, die Wahrheit lag erstaunlicherweise nicht in der Mitte, sondern bei der närrischen Zahl 111. Wer nicht fußkrank war, konnte den Frühling auf Socken mühelos überholen, soweit der Matsch dies zuließ. Am Bachrand hatte Bruder Lenz während seiner lahmen Wanderung ein Häppchen Brunnenkresse verloren, wir kauten darauf herum und priesen den apothekenhaften Rettichgeschmack der Blätter mit pelzigen Zungen. Ein radelnder Palmkätzchenmarder klingelte an uns und dem langsamen Frühling vorbei. Das war das Rad, das der Frühling brauchen könnte, um schneller herzukommen. Nach fünfzehn Minuten schlammfrohen Pfadfindens am Bachrand – während die Begabteren in Seitentälern nach grün blühenden Büscheln der stinkenden Nieswurz, nach den ersten blassblauen Immergrünblüten und plötzlichen Wirtshausschildern Ausschau hielten – war hinter einer Bachbiegung ein pionierhafter Aufschrei zu vernehmen. Alles lief hinzu. Ein Sherlock Holmes des Frühlings deutete wortlos auf drei rosa angehauchte Pestwurzblüten, die wie Flaschenbürsten über Geröll stierten. Der Professor ordnete die erregten Entdecker mit Not um sich, untersuchte die struppigen Stengel, beroch sie, obwohl es wenig zu beriechen gab, und machte uns aufmerksam, dass man botanisch äußerst gewitzt sein müsse, um zu wissen, dass hier kurz nach der Blüte das vegetabilische Einwickelpapier, der elefantenohrige Pestwurz, zum Vorschein käme: „Der Frühling hebt an! Diese Blüten gehören zu seinen Marschallstäben! Sie sind Vorboten jener riesigen Wildnisse großer Schirmblätter, die später ganze Flussbetten füllen. Mit dem Sud ihrer Wurzeln soll man im Mittelalter die Pest geheilt haben, daran glaube ich nicht. Eigentlich müssten die Grasfrösche momentan laichen", fügte er hinzu und beugte sich über den kalten Bach. Aber die Frösche zeigten sich wegen der Osterkühle gänzlich abgeneigt. Dafür wurden drei Halbwüchsige plötzlich aufsässig. Sie riefen nach einem Radio – der FCN spiele soeben gegen Mannheim, es sei Mist, wie hier zwecklos hinter Sachen hergejagt werde, die noch nicht zu haben seien. Das trübte die naturkundliche

Osterstimmung bedeutend, obwohl der Professor noch mutmaßliche Begegnungen mit Scharbockskraut, Schneeglöckchen, Anemonen, Sauerklee und gemeinem Lerchensporn versprach. Doch nichts als seine Verheißung, dass bald ein Gasthaus mit einem Steingärtchen um die Ecke käme, hielt uns bei der Fährte – er verwies auf die ersten Narzissen, Osterglocken und Perlhyazinthen, die dort ihr erstes Gastspiel gäben, und zitierte im Überschwang seines Glücks, bald im warmen Wirtshaus sitzen zu können, T. S. Eliot:

> Summer surprised us,
> coming over the Starnbergersee
> With a shower of rain;
> we stopped in the colonnade,
> And went on in sunlight,
> into the Hofgarten,
> And drank coffee,
> and talked for an hour.

Im Wirtshaus gab es außerdem Märzbock, bunte Eier auf Moostellern, kein Radio und junge Radieschen aus dem Garten, pausbackig wie kleine Edamer Käse mit Mauseschwänzchen. Der Geruch des frisch gestrichenen Fensterladens drang durchdringend in die warme Stube, vor dem Steingarten, der sein Bestes tat, gluckerte der von unseren Späheraugen endlich befreite Bach.

Eugen Skasa-Weiß

Die Boten des Frühlings

Wenn nun der Frühling seine Boten sendet, die Lerchen und die Quellen und die Blumen, und wenn die warmen Wolken fliegen und die Knospen brechen, und nachts die Nachtigallen unter den Sternen ziehen, und die Nächte gehen und die Tage kommen, und zarte Herzen wonnig weinen und sich sehnen, und die Nachtigallen in die Tränen schlagen, und die Freuden weinen und die Schmerzen lächeln, und weiße Blüten durch den blauen Himmel weben und auf Blumen niederflattern, und blau und warm der Himmel ist und grün und warm die Erde, und das Leben glänzt wie eine Sonne und das Sterben schimmert wie ein Mond: so glaubt der Mensch, nun komme der Lenz. Aber schon vorübergeflattert ist er, und der fliegende Gott ist den süßbetränten Augen entschwunden, noch ehe sie sich abgetrocknet; und die Menschen sehen umher und hoffen wieder auf den Frühling.

Jean Paul

Es wird Frühling

Die Vögel kommen
in ganzen Schwärmen,
um dich zu erfreuen.
Das junge Grün sprießt
und der Wald wächst schön
und steht wie eine Braut da,
um dir Freude zu schenken.

Du bist geschaffen. Du bist da.
Du bekommst heute
das zum Dasein Nötige.
Du wurdest erschaffen.
Du wurdest Mensch.

Du kannst sehen,
bedenke: Du kannst sehen,
du kannst hören, du kannst
riechen, schmecken, fühlen.

Søren Kierkegaard

Frühling

Der Frühling ist kommen,
die Erde erwacht,
Es blühen der Blumen genung.
Ich habe schon wieder auf Lieder gedacht,
Ich fühle so frisch mich, so jung.

Die Sonne bescheinet die blumige Au,
Der Wind beweget das Laub.
Wie sind mir geworden die Locken so grau?
Das ist doch ein garstiger Staub.

Es bauen die Nester und singen sich ein
Die zierlichen Vögel so gut.
Und ist es kein Staub nicht, was soll es denn sein?
Mir ist wie den Vögeln zumut.

Der Frühling ist kommen, die Erde erwacht,
Es blühen der Blumen genung.
Ich habe schon wieder auf Lieder gedacht,
Ich fühle so frisch mich, so jung.

Adelbert von Chamisso

Die Tage der tausend Wunder

Schon lange singt die Amsel im Garten, schon lange der Fink im Walde. Das Schneeglöckchen fiel müde um, tot liegt der junge Krokus im jungen Grase. Was die Amsel sang und der Fink schlug, was das Schneeglöckchen und der Krokus blühten, was Hasel, Erle und Espe stäubten, was die Märzmotte tanzte und der Frosch murrte, Vorfrühling war es, aber der Frühling nicht. Erst als das Lied der Singdrossel vom Eichenwipfel klang und über die ersten Grasspitzen im Walde der gelbe Falter taumelte, da zog der Frühling in das Land hinein, hüllte die Kornelkirsche in mattes Gold, hob jedes Zweiges braune Armseligkeit durch schimmernde Knospen und vollbrachte tagtäglich tausend schöne Wunder. Das ist schon lange her. Nicht mehr grüßen wir jedes grüne Blättchen mit frohen Augen, liebkosen nicht mehr jedes schwellende Knöspchen mit freundlichem Lächeln; es sind der Blätter zu viele und übergenug der Knospen, und da es überall singt und klingt, tanzt unser Herz nicht bei jedem Vogelliede wie an jenem Tage, da die erste Märzdrossel sang, der erste gelbe Falter flog, des ersten Märzblümchens Blauaugen aus fahlem Laube sahen. Wir wurden der kleine Wunder gewöhnt und sehnten das große Wunder herbei, das Wunder der Allbegrünung des Waldes, und wir zürnten dem Ostwind, der dem Frühling die Hände band. Er hat es gut gemeint, hat pfleglich gehandelt, dass er dem Westwind wehrte und dem Regen und der Sonne die Kraft nahm. Des Menschen Herz wird allzu schnell satt, danklos wendet es sich am Ziele ab, achtet das lange ersehnte Geschenk gering und dürstet nach der Wonne der Vorfreude. Eilig ist die Jugend, kurz ist der Frühling; was heute noch weich und frisch ist, ist morgen hart und staubig. Der Ostwind wusste, was er tat, als er den Vorfrühling festhielt und den Frühling warten ließ. Herrlich ist der Frühling, und prächtig ist der Mai, aber so süß wie der Vorfrühling, so köstlich ist er nicht. Wonnig ist die goldene Maienwiese, aber so labt sie uns nicht wie die erste Blüte des braunen Waldbodens, wie das erste Blättchen am kahlen Zweig, und tönt im Mai auch der ganze Wald, singt jeder Ast und klingt jeder Zweig, blüht jedes Fleckchen und glüht jedes Eckchen, das große Zauberwerk erhebt uns nicht so sehr wie die winzigen Wunder, aus denen es entstand. Jedes von ihnen genossen wir einzeln, kosteten es für sich aus. Wir sahen das Windröschen mit demütig gebogenem Halse sich durch das Falllaub stehlen, wartend und frierend, bis die Sonne ihm Mut zusprach und ihm das blasse Gesichtchen rötete, sahen den gelben Falter fliegen, den ersten, und unser Herz machte einen Sprung, und bei jedem, den wir sahen, sprang es hoch in die Höhe. Der Graudrossel Lied entdeckten wir und trugen es heim als einen großen Schatz. Jeder Tag brachte neue Wunder, liebe Gaben. Im kalten Gewirre des Stangenholzes brannte eine grüne Flamme, die Traubenkirsche schoss in das Laub und machte sich zum Mittelpunkte des ganzen Waldes. Wilde Eifersucht durchfuhr den Weißdorn. Unnahbar stand er da in grauer Frostigkeit; nun aber platzten vor Grimm seine Knospen, neidisch grüne Blättchen quollen aus ihnen hervor und reckten und streckten sich um die Wette mit dem prahlenden Grün des Traubenkirschenbusches. Das Winterlaub der Buchenjugenden, das Altlaub der Brombeerranken, die mit hartem Kupferglanz und schwerem Bronzeton weit und breit herrschten, merkten, dass ihre Tage gezählt sind, blassten ab, schrumpften ein, verdrängt von quellenden Knospen; ihre Zeit ist um, ihr Herbst ist da, ihre Todesstunde ist gekommen. In das Vorjahrslaub fällt Blatt um Blatt, und die Windröschen spreizen hastig ihre Blätter darüber. Und nun, aus Angst, von der Rotbuche überflügelt zu werden, drängt die Weißbuche sich vor, betont jeden ihrer Zweige mit blitzendem Geschmeide, regt sich, rührt sich und hüllt sich in silbergrünes Gefunkel. Unwillig sieht es der Ebereschenbaum. Er schickt Befehle nach den entferntesten Wurzeln, treibt sie an, hetzt sie auf, und eifrig saugen sie aus Mulm und Moos Saft und Kraft und geben die Säfte dem Stamme und die Kräfte den Zweigen, und ehe sich die Hagebuche versieht, spreizt sich unter ihr, von oben bis unten in blankes Silber gekleidet, die Eberesche funkelnd und gleißend im Sonnenlichte, stolz im Bewusstsein, der allerschönste Baum zu sein im ganzen Walde.

Der Ahorn aber öffnet seine Truhen, nimmt das goldene Seidengewand hervor und stellt sich keck neben die Eberesche, und die tauscht ihre kalte Silberpracht mit warmem Grün, und unterdessen die beiden sich noch zanken, wer am schönsten sei, hat die Hainbuche noch mehr Smaragden umgehängt und drängt stolz Ahorn und Eberesche zurück. Nebenan ist derselbe Kampf im Gange. Die dunkle Kiefer, die düstere Fichte, die immer noch schliefen, erwachen langsam und beginnen, sich faul und schläfrig zu putzen. Keiner weiß, wie sie es machen, aber tagtäglich hellt sich ihr Nadelwerk auf, färbt sich ihr Geäst, tauchen mehr strahlende Kostbarkeiten in ihren dunklen Kleidern auf, bis darin Topase leuchten, Smaragde schimmern, Rubine glühen. Aber ehe sie so weit sind, dreht sich die Bickbeere zu ihren Füßen dreimal vor dem Spiegel hin und her und ist über und über behängt mit dem köstlichsten Perlengeschmeide, und sie lacht die ernsten und bedächtigen Leute übermütig aus, vorzüglich den Faulbaumbusch, der immer noch dürr und leer dasteht, als hätte er noch wer weiß wie viel Zeit. Nachher muss er sich sputen und wird doch nicht fertig, und noch im Herbst trägt er bei den reifen Beeren noch grüne Früchte und junge Blüten, steht, wenn alles rot und bunt ist, im grünen Sommerkleide herum und zieht dann Hals über Kopf das gelbe Herbstgewand an, das er drei Tage tragen darf, denn länger erlaubt es der Winter ihm nicht. Da ist das Geißblatt vorsichtiger. Jeden Sonnenstrahl im Winter nutzte es aus und prangte schon im Januar mit großen grünen Blättern. Aber wie es so ist, launenhaft und krausen Sinnes, muss es sich im Frühling abermals über seine Brüder erheben, und wenn die anderen Bäume und Sträucher grüne Blätter treiben, färbt es die seinigen schnell zu vorlautem Kupferrot, und wenn alle anderen Büsche Früchte ansetzen, hängt es einen Wirbel wachsweißer Blüten in sein grau gewordenes Laub. Aber wenn der erste Reif das Gras zerbricht, dann prahlt mit frechem Granatschmucke der zeitlose Busch.

Während nun alle diese Bäume und Büsche sich um die Wette bemühten, ihre Frühlingskleider anzulegen, und täglich neue Künste trieben, standen die Rotbuchen da, als ginge sie das alles nichts an. Sie trugen gelassen ihr strenges, graues, schwarz und grün gestreiftes Winterkleid und nahmen sich kaum die Muße, ihre Knospen für das Fest vorzubereiten. Bis dann der Tag kam, an dem der West- mit dem Ostwind sich balgte, bis es dem Ersten gelang, in den Wald einzudringen und eine Handvoll Regen hineinzusprühen. Da spannten sich die harten, spitzen, trockenen Knospen, sie wurden weicher, runder und saftiger. Aber eine Woche warteten sie noch, bis der Westwind wieder eine erquickende Spende über sie goss, und nun konnte dort und da ein Zweig den Mut nicht halten, die goldenen Hüllen zerstoben, und unten um die kalten Silberstämme tanzten smaragdene Falter, erst einige wenige, hier ein Trüppchen, dort ein Flug, bis ein langer Nachtregen kam, Scharen der grünen Schmetterlinge aus den Knospen lockte und das Astwerk mit einem grünen Geflimmer erfüllte, das sich von Tag zu Tag vermehrt, bis alle anderen Farben am Himmel und am Boden davor verschwanden. Heute schon ist viel verschwunden, was gestern noch da war. Jüngst standen die Stämme der Buchen noch so scharf abgerissen im roten Laube; jetzt verschmelzen sie gänzlich mit dem grünweißen Estrich. Ihr blankes Silber verlor seinen eisigen Blick, ihr giftiges Grün sein freches Starren, ihr unheimliches Schwarz sein böses Gesicht. Die Stechpalmenhorste zu ihren Füßen, die so frühlingsgrün aus dem Schnee leuchteten und so lustig aus dem roten Laube blitzten, sie bedeuten gar nichts mehr gegen das viele junge weiche Grün ringsumher, und wo sie noch sichtbar werden, wirken sie hart und lieblos. Der Frühling hat einen leichten Sinn und kurz ist sein Gedächtnis. Eben noch bot das rote Laub am Boden seinem ersten Grün einen herrlichen Hintergrund, heute schon schiebt er es beiseite, schämt er sich des Erbgutes des Winters und bedeckt es hastig mit tausenderlei Grün und hunderterlei Farbe, damit niemand merke, dass er alle seine Schönheit und Frische und Jugend dem toten Laube und welken Blättern zu danken habe, und alle Freude verlässt sein Antlitz, erinnert ihn der Ostwind mit rauem Worte an seine Herkunft, mit roher Hand aus Grün und Blüten die vergilbten, vergessenen Erinnerungen zerrend. Dann schauert der Frühling zusammen und sieht zitternd in die fahle, trockene Zukunft. Einen Augenblick später vergisst er die Angst vor ihr und schafft emsig weiter, Wunder neben Wunder stellend, mit liebreichen, weichen Händen. Die harte, zackige Kante der Brombeere schmückt er mit weichen, runden Flöckchen, er lockt aus dem steifen Holunderbusch mildes Blattwerk, webt um düstere Moospolster einen lichten Schein, macht dem schüchternen Waldklee Mut, dass er sich im kalten Schatten der Fichten hervorwagt, rollt mit spielenden Fingern die ängstlichen Farnwedel auf, verhüllt die sparrigen Lärchenbäume mit zartgrünen Schleiern, erweckt des Pfaffenhütchens Selbstbewusstsein, der Weide Ehrgeiz, der Erle Willenskraft und wagt sich schließlich sogar an die Eiche heran, die abweisend und unnahbar alle seine Liebe immer wieder von sich stößt. Bis auch für sie die Stunde schlägt, für sie der Tag kommt, der alle ihre Knospen sprengt, der Tag der tausend Wunder.

Hermann Löns

Humanistisches Frühlingslied

Amsel, Drossel, Star und Fink
singen Lieder vom Frühlink,
machen recht viel Federlesens
von der Gegenwart, dem Präsens.

Krokus, Maiglöckchen und Kressen
haben längst den Schnee vergessen,
auch das winzigste Insekt
denkt nicht mehr ans Imperfekt.

Hase, Hering, Frosch und Lachs,
Elke, Inge, Fritz und Max ...
alles, alles freut sich nur
an dem Jetzt. Und aufs Futur.

Heinz Erhardt

Die Vögel wollen Hochzeit machen

Vögel Hochzeit feiern
auf dem Feld im Freien

Fink ist der Neuvermählte,
Finkin ist die Erwählte.

Anastasius Grün

Die Vogelhochzeit

Ein Vogel wollte Hochzeit machen
in dem grünen Walde.
Fidirallala, fidirallala, fidirallalalala.

Die Drossel war der Bräutigam,
die Amsel war die Braute.
Fidirallala, fidirallala, fidirallalalala.

Der Sperber, der Sperber,
der war der Hochzeitswerber.

Der Stare, der Stare,
der flocht der Braut die Haare.

Die Gänse und die Anten,
die war'n die Musikanten.

Der Spatz, der kocht das Hochzeitsmahl,
verzehrt die schönsten Bissen all.

Der Uhu, der Uhu,
der bringt der Braut die Hochzeitsschuh'.

Der Kuckuck schreit, der Kuckuck schreit,
er bringt der Braut das Hochzeitskleid.

Der Seidenschwanz, der Seidenschwanz,
der bracht' der Braut den Hochzeitskranz.

Der Sperling, der Sperling,
der bringt der Braut den Trauring.

Die Taube, die Taube,
die bringt der Braut die Haube.

Der Wiedehopf, der Wiedehopf,
der bringt der Braut 'nen Blumentopf.

Die Lerche, die Lerche,
die führt die Braut zur Kerche.

Brautmutter war die Eule,
nahm Abschied mit Geheule.

Der Auerhahn, der Auerhahn,
der war der stolze Herr Kaplan.

Die Meise, die Meise,
die singt das Kyrieleise.

Die Puten, die Puten,
die machten breite Schnuten.

Der Pfau mit seinem bunten Schwanz
macht mit der Braut den ersten Tanz.

Die Schnepfe, die Schnepfe
setzt auf den Tisch die Näpfe.

Die Finken, die Finken,
die gaben der Braut zu trinken.

Der lange Specht, der lange Specht,
der macht der Braut das Bett zurecht.

Das Drosselein, das Drosselein,
das führt die Braut ins Kämmerlein.

Der Uhu, der Uhu,
der macht die Fensterläden zu.

Der Hahn, der krähet: „Gute Nacht",
nun wird die Kammer zugemacht.

Die Vogelhochzeit ist nun aus,
die Vögel fliegen all' nach Haus.

Das Käuzchen bläst die Lichter aus
und alle ziehn vergnügt nach Haus.
Fidirallala, fidirallala, fidirallalalala.

Volksweise in der Fassung von Heinrich Hoffmann von Fallersleben

Der Star und sein Weib

Sie saßen auf dem Dachfirst, das Weib zwanzig Zentimeter von ihm entfernt. Er stellte die Kehlfedern auf, spreizte die Flügel, pfiff, knarrte und machte seine Knickse. Er machte seine Knickse nicht zu ihr hin, er machte seine Knickse in die Welt hinaus, er machte sie zu den anblühenden Kirschbäumen hin, er verschleuderte seine Kräfte.

Dieses Getu zur Welt hin langweilte das Starenweib, dieses: Seht, wie ich liebe, seht, seht, seht, wie ich liebe! Die Starin war für Taten und trippelte seitlich auf dem First entlang und stieß den Starenmann, wie Menschen einander auffordern, mit der Schulter an. Das Starenmännchen pfiff noch zwei Töne und sprang dann aufs hingehockte Weibchen, besorgte sein Liebesgeschäft, den Blick immer auf die anblühenden Kirschbäume gerichtet, und es sprang ab, und es pfiff schon wieder: Seht, seht, wie ich liebe, seht, seht, wie ich liebe!

Wie sachlich das Weibchen! Es flog zum Kasten, schlüpfte hinein, und man hörte es im Kasten rumoren, und man sah an den Halmen, die beim Schlupfloch herausstanden, dass es an der Wohnungseinrichtung arbeitete.

Erwin Strittmatter

Frühlingsball der Tiere

Es war die erste Maiennacht.
Kein Mensch im Dorf hat mehr gewacht.
Da hielten, wie es stets der Fall,
die Tiere ihren Frühlingsball.
Die Gans, die gute Adelheid,
fehlt nie bei solcher Festlichkeit.
Obgleich man sie nach altem Brauch
zu necken pflegt. So heute auch.
„Frau Schnabel", nannte sie der Kater.
„Frau Plattfuß!", rief der Ziegenvater.
Doch sie, zwar lächelnd, aber kühl,
hüllt sich in sanftes Selbstgefühl.
So saß sie denn in ödem Schweigen
allein für sich bei Spiel und Reigen,
bei Freudenlärm und Jubeljux.
Sieh da, zum Schluss hat auch der Fuchs
sich ungeladen eingedrängelt.
Schlau hat er sich herangeschlängelt.
„Ihr Diener", säuselt er galant,
„wie geht's der Schönsten in Brabant?
Ich küss' der gnäd'gen Frau den Fittich.
Ist noch ein Tänzchen frei, so bitt' ich."
Sie nicht verschämt: „Oh Herr Baron!"
Indem so walzen sie auch schon.
Wie trippeln die Füße,
wie wippeln die Schwänze
im lustigen Kehraus, dem letzten der Tänze.

Da tönt es vier mit lautem Schlag.
Das Fest ist aus, es naht der Tag.
Bald darauf, im frühsten Morgen-
schimmer,
ging Mutter Urschel aus, wie immer,
mit Korb und Sichel, um verstohlen
sich etwas fremden Klee zu holen.
An einer Hecke bleibt sie stehn.
„Herrje, was ist denn hier geschehn?
Die Füchse, sag' ich, soll man rädern.
Das sind wahrhaftig Gänsefedern.
Ein frisches Ei liegt dicht daneben.
Ich bin so frei, es aufzuheben.
Ach, armes Tier", sprach sie bewegt,
„dies Ei hast du vor Angst gelegt."

Wilhelm Busch

Lups

Herr Lups war ein Spatz. Seine Frau hieß Frau Lups. Denn dem Namen nach richten sich die Frauen nach ihren Männern. Es war Frühling, und Frau Lups saß auf ihren Eiern. Herr Lups hatte Futter herangeschleppt. Jetzt saß er auf dem Nestrand und blinzelte in die Sonne.

Die Menschen sagen immer, dass Spatzen frech und zänkisch sind, dachte Frau Lups, womit sie natürlich nur die Männchen meinen. Ich kann es von meinem Mann eigentlich nicht finden. Ein fertiger Ehespatz ist er zwar noch nicht, aber er macht sich. Herrn Lups wurde es langweilig.

„Ich möchte mich auch mal auf die Eier setzen."

„Nein", sagte Frau Lups – nicht aus Eigensinn, rein aus pädagogischem Empfinden.

„Piep!", sagte Herr Lups empört, „Es sind auch meine Eier." „Nein", sagte Frau Lups – wieder nur aus pädagogischem Empfinden. Herr Lups schlug erregt mit den Flügeln.

„Ich habe das Recht, auf den Eiern zu sitzen, ich bin der Vater", schrie er.

„Schlag nicht so mit den Flügeln", sagte Frau Lups, „es ist unschichicklich, wenigstens hier im Nest. Außerdem macht es mich nervös. Ihr Männer müsst immer gleich mit den Flügeln schlagen. Nimm dir ein Beispiel an mir! Ich bin stets ruhig. Gewiss sind es deine Eier. Aber es sind mehr meine Eier als deine Eier.

Das habe ich gleich gesagt. Denke dran, dass du verheiratet bist!"

„Daran denke ich unaufhörlich", sagte Herr Lups. „Aber du hast es vorhin anders gesagt. Das ist unlogisch."

„Stör mich nicht mit deiner Logik", sagte Frau Lups, „wir sind verheiratet und nicht logisch."

„So", machte Herr Lups und klappte arrogant mit dem Schnabel.

„Findest du das etwa nicht?????"

Herr Lups hörte auf zu klappen. „Jaja, meine Liebe", sagte er. Er macht sich, dachte Frau Lups.

„Ich werde jetzt in den Klub gehen", sagte Herr Lups und putzte sich die Flügel.

„Du könntest dich auch mal auf die Eier setzen", sagte Frau Lups vorwurfsvoll, „ich sitze schon den ganzen Vormittag darauf. Glaubst du, dass es ein Vergnügen ist? Dabei sind es deine Eier."

Herr Lups dachte, die Sonne müsse aufhören zu scheinen. Aber sie schien weiter.

„Mir steht der Schnabel still!", schrie er. „Eben wollte ich auf den Eiern sitzen, da waren es deine Eier. Jetzt will ich in den Klub gehen, da sind es meine Eier. Wessen Eier sind es nun endlich?!"

„Schrei nicht so", sagte Frau Lups, „natürlich sind es deine Eier. Ich habe es dir doch schon vorhin gesagt." Herrn Lups wurde schwindlig.

„Du irrst dich", sagte er matt.

„Frauen irren sich nie", sagte Frau Lups.

„Jaja, meine Liebe", sagte Herr Lups und setzte sich auf die Eier, die nicht seine Eier und doch seine Eier waren.

„Männer sind so wenig rücksichtsvoll", sagte Frau Lups mit sanftem Tadel, „du hast eben auch die weibliche Hand in deinem Leben zu wenig gefühlt."

„O doch", sagte Herr Lups und blickte auf die Krällchen seiner Gemahlin.

Frau Lups horchte aufmerksam an den Eiern.

„Eins piepst sogar schon im Ei", sagte sie glücklich. „Dann wird es ein Weibchen", sagte Herr Lups. Frau Lups sah ihren Gatten scharf an.

„Gewiss", sagte sie, „es wird ein Weibchen. Die Intelligenz regt sich am frühesten."

Herr Lups ärgerte sich sehr und brütete.

„Aber das Erste, das herauskommt, wird ein Männchen!", sagte er patzig.

Frau Lups blieb ganz ruhig.

„Das, was zuerst piepst, kommt auch zuerst heraus", sagte sie, „es wird also ein Weibchen. Im übrigen lass mich jetzt auf die Eier! Es wird kritisch. Das verstehen Frauen besser. Außerdem sind es meine Eier."

„Jaja, meine Liebe", sagte Herr Lups. Nach kurzer Zeit kam das Erste aus dem Ei. Es war ein Männchen.

Herr Lups plusterte sich und zwitscherte schadenfroh.

„Siehst du", sagte Frau Lups, „ich habe es dir gleich gesagt. Es wird ein Männchen. Aber ihr müsst eben alles besser wissen."

Herr Lups sperrte den Schnabel so weit auf wie noch nie. Eine Steigerung war anatomisch undenkbar. Aber er kriegte keinen Ton heraus. Da klappte er den Schnabel zu.

Endgültig.

Jetzt ist er ganz entwickelt, es wird eine glückliche Ehe, dachte Frau Lups und half den anderen Kleinen behutsam aus der Schale. „Nun musst du in den Klub gehen, liebes Männchen", flötete sie, „du musst dich etwas zerstreuen. Ich bat dich schon so lange darum. Auf dem Rückweg bringst du Futter mit."

„Jaja, meine Liebe", sagte Herr Lups.

Herr Lups hielt eine Rede im Klub.

„Wir sind Männer! Taten müssen wir sehen, Taten!!", schrie er und gestikulierte mit den Flügeln.

Frau Lups wärmte ihre Kleinen im Nest.

„Seinen Namen werdet ihr tragen, alle werdet ihr Lups heißen", piepste sie zärtlich.

Denn dem Namen nach richten sich die Frauen nach ihren Männern.

Manfred Kyber

Frühling

Die Vögel jubeln – lichtgeweckt –,
die blauen Weiten füllt der Schall aus;
im Kaiserpark das alte Ballhaus
ist ganz mit Blüten überdeckt.

Die Sonne schreibt sich hoffnungsvoll
ins junge Gras mit großen Lettern.
Nur dorten unter welken Blättern
seufzt traurig noch ein Steinapoll.

Da naht ein Lüftchen, fegt im Tanz
hinweg das gelbe Blattgeranke
und legt um seine Stirn, die blanke,
den blauenden Syringenkranz.

Rainer Maria Rilke

Wir bauen uns ein Nest

Die muntern Vögel, lieb erwärmt,
Begehn im grünen Hain ihr Fest.
Ein jeder singt, ein jeder schwärmt,
Und bauet emsig sich ein Nest.

Adelbert von Chamisso

Vogellied

Mit einem leeren Vogelnest, welches dem Distelfinken meiner Schwester zum Scherz in den Käfig gelegt wurde.

Es ist zwar sonsten nicht der Brauch,
Dass man's Nestchen baut,
Bevor man erst ein Weiblein auch
Sich angetraut:

Zirri, zirrli!
Erst ein Schätzchen,
Dann ein Plätzchen,
Zirri!
Am Birnbaum oder am Haselstrauch.

Allein ich dacht', du baust einmal
Auf gut Glück.
Schaden kann es auf keinen Fall;
Zirrwick, zirrliwick!
Gefällt's ihr nicht, meine Jungfer Braut,
Es ist gleich wieder umgebaut.

Eduard Mörike

Ein verheißungsvoller Frühlingstag

Der Morgenwind war noch ein wenig kühl, heute, am ersten lang ersehnten freien Tag, in der endlosen Reihe von arbeitsreichen Tagen. Anna Maria wollte jede Minute genießen und deshalb war sie auch schon so früh mit ihrem Fahrrad unterwegs. Keine Menschenseele weit und breit. Anna Maria summte leise vor sich hin, als sie die Hauptstraße verließ und rechts in den Feldweg einbog. Die Vögel zwitscherten und flogen geschäftig hin und her. Anna Maria genoss die Fahrt und freute sich, als sie an ihrem Lieblingsplatz an der alten Buche, die am Ufer eines kleinen Sees stand, angelangt war. Sie lehnte ihr Fahrrad an den Stamm des Baumes, nahm vom Gepäckträger eine Decke und den Weidenkorb und stellte alles daneben ab.

„Geschafft, endlich angekommen und nix tun", murmelte sie und tat einen tiefen, tiefen Atemzug. Anna Maria fühlte sich wohl wie schon lange nicht mehr. Ihr Blick wanderte über den kleinen See. Still und ruhig lang er da. Obwohl, ganz stimmte das ja nicht. Entengeschnatter und Vogelgezwitscher prägten diese Idylle.

Anna Maria breitete die mitgebrachte Decke aus. Herzhaft biss sie in ein belegtes Brot, als ihr im wahrsten Sinne des Wortes der Biss im Hals stecken blieb. Denn irgendetwas fiel von oben auf sie runter. Da, schon wieder. Sie saß ganz still. Nach einer Weile löste sich ihre Erstarrung und sie sah auf die Decke. Vor ihr lagen zwei Vogeleier, die wohl aus dem Nest gefallen waren, das sich über ihr in der alten Buche befand. Sie sah nach oben, konnte aber das Nest nicht gleich erblicken. Erst als sie aufgestanden war, bemerkte sie in einer Astgabelung ein nestähnliches Etwas, in dessen Mitte ein Loch klaffte, gerade so groß, dass die Eier leicht durchfallen konnten.

„Was nun?", murmelte Anna Maria und strich sich eine Haarsträhne aus dem Gesicht. Irgendwie mussten die Eier, die wie durch ein Wunder heil geblieben sind, wieder da hinauf. Eins war ihr klar: Wenn sie dieses Nest nicht notdürftig reparierte, waren die Eier schneller wieder unten, als ihr lieb war.

Aber wie sollte sie da hinaufkommen? Plötzlich fiel ihr die alte, verlassene Hütte in der Nähe ein, die den Waldarbeitern früher als Unterschlupf diente, wenn ein Gewitter plötzlich im Anzug war. Schnell lief sie zu der Hütte und rüttelte an der Tür. Verschlossen. Logisch, hatte sie wirklich geglaubt, sie wäre offen? Niedergeschlagen ging sie um die Hütte. Vielleicht konnte sie ... Nanu, das gab es doch nicht. An der Rückseite der Hütte war eine Leiter quer angebracht.

„Du kommst mir wie gerufen", sprach Anna Maria erfreut aus, was sie dachte. „Das hätte ich nicht gedacht!", antwortete eine Stimme. Anna Maria, die gerade die Leiter vom Haken der einen Seite abheben wollte, erschrak und erstarrte. „Nicht erschrecken, ich tue Ihnen nichts. Ich sehe schon eine Weile zu, wie Sie um die Hütte schleichen. Was wollen Sie mit der Leiter?"

Anna Maria hatte sich vom ersten Schreck erholt und drehte sich um. Vor ihr stand ein junger Mann mit einem sehr sympathischen Gesicht und lächelte sie an. „Mussten Sie mich so erschrecken? Reden Sie nicht dumm daher. Helfen Sie mir lieber, die Leiter zu lösen und dann könnten Sie mir helfen, sie zu der alten Buche zu tragen!"

„Kein Problem, ich helfe Ihnen gerne, aber sagen Sie mir bitte, warum?"

„Das sage ich Ihnen unterwegs! Wir müssen uns beeilen, die Zeit läuft uns davon und wenn die Eltern zurückkommen, ist es zu spät!" – „Eltern? Ihre? Zu spät für was?" – „Mensch, reden Sie nicht zu viel, packen Sie die Leiter am anderen Ende und kommen Sie endlich. Unterwegs erkläre ich es!"

Lächelnd tat der junge Mann, wie es ihm befohlen, und sein Lächeln vertiefte sich, als er erfuhr, um was es ging.

„Sie hatten Glück gehabt, aber auch Pech!" – „Wieso?" – „Nun, wenn Ihnen die Eier auf den Kopf gefallen wären, hätten Sie 'ne Beule und Glück, dann gäbe es Rühreier zu Mittag!"

Anna Maria kochte innerlich. „Blödmann" war alles, was sie darauf erwiderte. Nach einer Weile: „So, die Leiter müssen wir hier anlehnen, denn dort oben ist das defekte Nest!" Anna Maria zeigte auf die Stelle. „Wer geht hinauf?" – „Ich", erwiderte Anna Maria mit einer Stimmlage, die keinen Widerstand duldete. „Gut, und ich halte die Leiter!" Anna Maria stieg die Leiter empor und hatte das Nest erreicht. Sie überlegte kurz, dann stieg sie wieder hinunter. „Geben Sie mir mal Ihre tolle Mütze. Die brauchen Sie ja im Moment nicht. Die Sonne wird Ihren Kopf wärmen!" Bevor der junge Mann antworten konnte, schnappte sich Anna Maria seine Mütze. „So, jetzt ein wenig Moos hinein und nun legen Sie die Eier vorsichtig darauf. Am besten mit Moos anpacken, dann sind keine fremden Gerüche an der Schale!" – „Noch was?" – „Nein, ich steige jetzt vorsichtig nach oben und stülpe das Ganze vorsichtig über das alte Nest." – „Hoffentlich klappt es!" – „Bestimmt."

Später saßen die beiden einträchtig auf der Decke und beobachteten die Heimkehr der Vogeleltern. „Amseln", sagten beide gleichzeitig und schauten gebannt nach oben. Nichts Außergewöhnliches geschah. „Sie haben sie angenommen. Wie schön", flüsterte Anna Maria und der Mann an ihrer Seite erwiderte: „Ja, wie schön!" Was er damit meinte, können wir uns denken, denn sein Blick ruhte schon lange auf dem Gesicht von Anna Maria und was weiter geschah mit den beiden? Nun, das ist eine andere Geschichte.

Agnes Marx

Warum Frau Kuckuck ihre Eier in fremde Nester legt

„Rotkehlchens!" Frau Kuckuck landete außer Atem auf dem Buchenast neben ihrem Mann. „Ich habe Frau Rotkehlchen gesehen, Halme im Schnabel! Kein Zweifel, Rotkehlchens fangen schon mit dem Nest an! Da gehe ich jede Wette ein!"

„Lass sie!", entgegnete der Kuckuck gelassen. „Es kommt nicht darauf an, wer sein Nest zuerst fertig hat. Wer das beste Nest baut, der ist ein Mann! – Wir überstürzen nichts!"

„Nein!", sagte die Frau.

„Wir werden ein Nest bauen ..." Der Kuckuck blähte sich auf und rief, als hielte er eine Rede vor versammelter Vogelschar: „Ein Nest, das sich sehen lassen kann!"

„Bestimmt!", rief seine Frau. „Ich bin gleich wieder da!"

Als sie zur Buche zurückkam, trug sie ein Büschel Halme im Schnabel. „Sieh dir diese Halme an! Ist das nicht Qualität? Als ich sie sah, da habe ich mir gesagt: Die müssen mit! So was lässt man doch nicht einfach stehen! Oder glaubst du vielleicht, diese Halme wären morgen noch da gewesen? Nach so was leckt sich doch jeder alle acht Zehen ab!"

Und schon begann sie die Halme zu einem Zweig zu flechten. Husch, flog sie fort. Husch, kam sie mit neuen Halmen wieder. So hätte sie ohne Zweifel weitergemacht, heute, morgen, übermorgen. Bis das Nest fertig gewesen wäre. Doch ihr Mann räusperte sich und sprach: „Was du da machst, Frau, ist grundverkehrt."

„Wirklich", sprudelte seine Frau hervor, „ein Frühlingswetter ist das heute! Ein Nestbauwetter, wie es im Buche steht! So was muss man ausnützen!" Und fort war sie. Doch als sie zurückkam, saß ihr Mahn breit vor dem angefangenen Nest. „Lass dir etwas sagen!", sprach er. „So, wie du dir das denkst, geht es nicht. Du baust das Nest viel zu weit außen. Wo hast du deinen Kopf? Bedenkst du denn nicht, dass es auch einmal Sturm geben kann? Stell dir vor: Sturm! Sturm! Die Zweige schwingen auf und ab und hin und her. Und unsere armen Söhne und Töchter im Nest werden durcheinandergebeutelt ..."

„Durcheinander was?"

„Durcheinandergebeutelt. Hin und her geschleudert, dass ihnen das Hören und Sehen vergeht, und womöglich wird eins gar aus dem Nest geworfen! Schon beim Gedanken daran wird mir übel. Nein! Das Nest so weit außen am Zweig zu bauen ist heller Wahnsinn!"

„Goldhähnchens drüben in der Fichte ..."

„Goldhähnchens! Sind wir Goldhähnchens? Wie kannst du uns mit diesen Wichten vergleichen? Und wenn diese ganze mickrige Sippe dort drüben aus dem Nest geschleudert wird – ist das ein Schaden? Wir ziehen Kuckucke auf! Und für Kuckuckskinder ist das sicherste Nest gerade gut genug. – Das Nest wird hier an den Stamm gebaut!"

Die Kuckuckin tat, wie der Kuckuck befohlen hatte. Sie löste die ineinander verwobenen Halme wieder auf und baute das Nest in die Astgabel am Stamm. Doch es dauerte nicht lange, da hatte Herr Kuckuck einen neuen Einfall: „Übrigens, was Goldhähnchens betrifft. In dem einen muss ich ihnen recht geben: Eine Fichte schützt besser als eine Buche. Wir bauen unser Nest auch in die Fichte. An den Stamm natürlich."

Frau Kuckuck baute das Nest in die Fichte. Während sie sich plagte, saß ihr Mann in der Nähe und verfolgte ihr Tun mit gerunzelter Stirn. Hin und wieder machte er einen kleinen Ausflug. Als er wieder einmal von einem Abstecher zurückkam, seufzte seine Frau erleichtert auf und sprach: „Gleich ist es geschafft!" „Wie?", rief da der Kuckuck seiner Frau zu und tat sehr erstaunt. „Du willst doch nicht etwa sagen, dass unser Nest kein Dach bekommt?"

„Ein Dach?", fragte seine Frau erschrocken. „Es geht auch ohne Dach! Haben Buchfinkens ein Dach gebaut? Kernbeißers? Dorndrehers? Goldammers? Bussards?"

„Aber Schwanzmeisens!", erklärte Herr Kuckuck. „Das genügt! Sollen es unsere Kinder schlechter haben als die Schwanzmeisenkinder? Soll es auf die Kuckuckskinder regnen und vielleicht sogar schneien, während die Schwanzmeisenkinder im Trockenen sitzen? Nein, das lasse ich, der Vater, nicht zu! Wir bauen ein Dach!"

„Wir, wir!", rief die Kuckuckin ärgerlich. „Hast du auch nur einmal die Zehe gerührt, um mir beim Bau zu helfen? Ich arbeite mich zu Tode, dass unsere Kinder ein ordentliches Nest bekommen, während du, der Vater, herumsitzt und zuschaust!"

„Es genügt nicht, ganz einfach drauflos zu arbeiten", erklärte der Kuckuck. „Ohne sorgfältige Überlegungen kann nichts Ordentliches zustande kommen. Die Planung aber, diese schwierige Aufgabe, habe ich auf mich genommen. Und für dieses verantwortungsvolle Amt muss ich klaren Kopf behalten."

„Ich denke, es ist reichlich genug geplant worden", stellte Frau Kuckuck fest. „Es wird nämlich Zeit, dass ich mit dem Eierlegen beginne. Entweder du packst mit an oder wir lassen das Dach."

Dem Kuckuck blieb nichts anderes übrig, als seiner Frau beim Nestbau zu helfen. Doch sein Interesse an der Arbeit schien nicht sehr groß zu sein.

„Dahinten klopft einer", sagte er nach einer Weile.

„Der klopft schon lange", erklärte seine Frau. „Lass ihn klopfen! Wir müssen uns dranhalten, wenn wir das Dach noch rechtzeitig hinkriegen wollen."

Der Kuckuck aber rief: „Ich muss doch schnell mal nachschauen!" Und er schwirrte ab.

„Wo treibst du dich herum?", rief ihm seine Frau ärgerlich entgegen, als er zurückkam. „Unser Dach!" „Das Dach kannst du dir schenken!", erklärte der Kuckuck verächtlich. „Und dieses ganze lächerliche Nest dazu! Wie kann man seine Kinder einem solchen windigen Gebilde anvertrauen! Weißt du, wer dort hinten gearbeitet hat? Der Specht! Er hat eine Höhle in eine Eiche gehauen. Eine Höhle in einer Eiche! Das nenne ich mir eine solide Kinderstube! Alles andre sind Faxen! Wir meißeln uns auch eine Höhle." Die Kuckuckin wehrte sich energisch: „Wir können uns keine Experimente mehr leisten, dafür ist die Zeit zu kurz. Außerdem verstehe ich mich nicht aufs Meißeln."

„Ja, Meißeln", erklärte der Kuckuck großspurig, „das ist allerdings etwas anderes als Hälmchenflechten. Da muss ein Mann her! Ich suche jetzt eine ordentliche Eiche. Dann siehst du die Späne fliegen."

Es dauerte drei Stunden, bis der Kuckuck die geeignete Eiche gefunden hatte. Es war die mächtigste Eiche weit und breit, ein wahrer Baumriese. Der Kuckuck suchte sich eine Stelle auf der Südseite des Stammes aus. Er bog den Kopf zurück und schlug dann mit voller Wucht mit dem Schnabel zu, wie er es beim Specht gesehen hatte. Darauf saß er wie betäubt. Es dauerte fünf Minuten, bis er nur imstande war, seinen Kopf zu schütteln. Kein Span war geflogen. Eine winzige Delle in der rissigen Borke der Eiche, das war alles.

„Es muss am Baum liegen", meinte er kleinlaut. Er versuchte seine Kunst noch an einer Pappel und an einer Weide. Vergebens.

„Fliegen wir zu unserer Fichte zurück", sagte die Kuckuckin, „ich muss mit dem Eierlegen beginnen. Zu einem Dach haben wir es nicht mehr gebracht; aber bei anderen muss es auch so gehen."

Auf der Fichte erwartete die beiden eine böse Überraschung. Das verlassene Nest war von Vögeln, die noch Material brauchten, geplündert und abgetragen worden. „Da haben wir's nun!", klagte Frau Kuckuck. „Alle haben ein Nest, nur wir nicht. So musste es kommen! Was mache ich nun mit den Eiern? Was mache ich nur?"

Am Ende fiel ihr doch etwas ein und sie sagte zu ihrem Mann: „Da du zu sonst nichts taugst, so schrei wenigstens, so laut du kannst."

Und nun schreit der Kuckuck aus Leibeskräften. „Kuck, kuck!" Und während die anderen Vögel schauen, was es denn da zu kucken gibt, legt ihnen Frau Kuckuck heimlich die Eier ins Nest.

Josef Guggenmos

Der Eindringling

Einmal stand ich auf dem Hof und betrachtete ein Nest, das ein Schwalbenpaar unterm Dach gebaut hatte. Beide Schwalben flogen vor meinen Augen fort. Das Nest blieb eine Weile leer. Da flog ein Spatz vom Dachfirst herab, flog zum Schwalbennest hin, sah es von außen und innen an und schlüpfte ins Nest. Streckte sein Köpfchen heraus und tschilpte. Bald darauf kam eine Schwalbe zum Nest zurück. Sie steckte den Kopf ins Nest. Aber kaum hatte sie den Eindringling bemerkt, schlug sie Lärm, stand mit aufgeregten Flügeln vor dem Nest in der Luft und flog dann weg.

Der Spatz blieb sitzen und tschilpte.

Plötzlich kam ein ganzer Flug Schwalben an. Alle flogen gegen das Nest hin, als wollten sie dem Eindringling sagen:

Wir werden es dir schon zeigen! Der Spatz zeigte keine Spur von Angst, drehte den Kopf nach allen Seiten und tschilpte.

Die Schwalben flogen wieder gegen das Nest hin, taten dort irgendetwas und flogen wieder fort. Was taten die Schwalben? Jede brachte im Schnabel ein wenig Lehm mit und mauerte den Nesteinschlupf ein wenig zu. Unablässig flogen die Schwalben. Enger und enger wurde das Nestloch. Anfangs war noch der Spatzenhals zu sehen gewesen, dann nur noch der Kopf, dann nur noch der Schnabel. Dann nichts mehr ...

Aber auf einmal: Durch den nassen Lehm kam erst der Spatzenschnabel, dann der Spatzenkopf, dann der ganze Spatz – und weg war der freche Bursche, und die beiden Schwalben hatten wieder ein offenes, leeres Nest.

Leo Tolstoi

Ostern in der Vogelwelt

Die Lerche stieg am Ostermorgen
Empor ins klarste Luftgebiet,
Und schmettert' hoch im Blau verborgen
Ein freudig Auferstehungslied.
Und wie sie schmetterte,
da klangen
Es tausend Stimmen nach im Feld:
Wach auf, das Alte ist vergangen,
Wach auf, du froh verjüngte Welt!

Emanuel Geibel

Das Rotkehlchen

Es war zu der Zeit, da unser Herr die Welt erschuf, er nicht nur Himmel und Erde schuf, sondern auch alle Tiere und Pflanzen und ihnen zugleich ihre Namen gab. Es gibt viele Geschichten aus jener Zeit; und wüsste man sie alle, so wüsste man auch die Erklärung für alles in der Welt, was man jetzt nicht verstehen kann. Damals war es, dass es sich eines Tages begab, als unser Herr im Paradies saß und die Vögel malte, dass die Farbe in unseres Herren Farbenschalen aufging, sodass der Stieglitz ohne Farbe geblieben wäre, wenn unser Herr nicht alle Pinsel an seinen Federn abgewischt hätte.

Damals geschah es, dass der Esel seine langen Ohren bekam, weil er nicht merkte, welchen Namen er bekommen hatte. Er vergaß es, sowie er nur ein paar Schritte auf den Fluren des Paradieses gemacht hatte, und dreimal kam er zurück und fragte, wie er heiße, bis unser Herr ein klein wenig ungeduldig wurde, ihn bei den Ohren nahm und sagte: „Dein Name ist Esel, Esel, Esel."

Und während er so sprach, zog er seine Ohren lang, damit er ein besseres Gehör bekäme und sich merke, was man ihm sagte.

An demselben Tage geschah es auch, dass die Biene bestraft wurde. Denn als die Biene geschaffen war, begann sie sogleich Honig zu sammeln, und Tiere und Menschen, die merkten, wie süß der Honig duftete, kamen und wollten ihn kosten. Aber die Biene wollte alles für sich behalten und jagte mit ihren giftigen Stichen alle fort, die sich der Honigwabe näherten. Dies sah unser Herr, und alsogleich rief er die Biene zu sich und strafte sie. „Ich verlieh dir die Gabe, Honig zu sammeln, der das Süßeste in der Schöpfung ist", sagte unser Herr, „aber damit gab ich dir nicht das Recht, hart gegen deine Nächsten zu sein. Merke dir nun, jedes Mal, wenn du jemand stichst, der deinen Honig kosten will, musst du sterben!"

Ach ja, damals geschah es, dass die Grille blind wurde und die Ameise ihre Flügel verlor; es begab sich so viel Wunderliches an diesem Tage.

Unser Herr saß den ganzen Tag groß und milde da und schuf und erweckte zum Leben, und gegen Abend kam ihm in den Sinn, einen kleinen grauen Vogel zu erschaffen. „Merke dir, dass dein Name Rotkehlchen ist!", sagte unser Herr zu dem Vogel, als er fertig war. Und er setzte ihn auf seine flache Hand und ließ ihn fliegen.

Aber als der Vogel ein Weilchen herumgeflogen war und sich die schöne Erde besehen hatte, auf der er leben sollte, bekam er auch Lust, sich selbst zu betrachten. Da sah er, dass er ganz grau war, und seine Kehle war ebenso grau wie alles andere.

Da flog der Vogel zu unserem Herrn zurück.

Unser Herr thronte gut und milde, aus seinen Händen gingen Schmetterlinge hervor, die um sein Haupt flatterten, Tauben gurrten auf seinen Schultern, und aus dem Boden rings um ihn sprossen die Rose, die Lilie und das Tausendschönchen.

Das Herz des kleinen Vogels pochte heftig vor Bangigkeit, aber in leichtem Bogen flog er doch immer näher und näher zu unserm Herrn, und schließlich ließ er sich auf seiner Hand nieder. Da fragte unser Herr, was sein Begehr wäre.

„Ich möchte dich nur um eines fragen", sagte der kleine Vogel.

„Was willst du denn wissen?", fragte unser Herr.

„Warum soll ich Rotkehlchen heißen, wenn ich doch ganz grau bin vom Schnabel bis zum Schwanze? Warum werde ich Rotkehlchen genannt, wenn ich keine einzige rote Feder mein Eigen nenne?"

Und der Vogel sah unsern Herrn mit seinen kleinen schwarzen Äuglein flehend an und wendete das Köpfchen. Ringsum sah er Fasanen, ganz rot unter einem leichten Goldstaub, Papageien mit reichen roten Halskrausen, Hähne mit roten Kämmen, ganz zu schweigen von den Schmetterlingen, den Goldfischen und den Rosen. Und natürlich dachte er sich, wie wenig vonnöten wäre nur ein einziger kleiner Tropfen Farbe auf seiner Brust, und er wäre ein schöner Vogel, und sein Name schicke sich für ihn.

„Warum soll ich Rotkehlchen heißen, wenn ich ganz grau bin?", fragte der Vogel abermals und wartete, dass unser Herr sagen würde:

„Ach, Freundchen, ich sehe, ich habe ganz vergessen, deine Brustfedern rot zu malen, aber warte nur einen Augenblick, dann wird es geschehen."

Aber unser Herr lächelte nur still und sagte: „Ich habe dich Rotkehlchen genannt, und Rotkehlchen sollst du heißen, aber du musst selbst zusehen, dass du dir deine roten Brustfedern verdienst."

Und damit erhob unser Herr die Hand und ließ den Vogel aufs Neue in die Welt hinausfliegen.

Der Vogel flog sehr nachdenklich ins Paradies hinunter. Was sollte wohl ein kleiner Vogel wie er tun können, um sich rote Federn zu verschaffen?

Das Einzige, was ihm einfiel, war, dass er sein Nest in einen Dornenbusch baute. Er nistete zwischen den Stacheln in dem dichten Dornengestrüpp. Es war, als erwarte er, dass ein Rosenblatt an seiner Kehle haften bliebe.

Eine unendliche Menge von Jahren war seit diesem Tage verflossen, der der fröhlichste der Erde war. Seit dieser Zeit hatten sowohl die Tiere als auch die Menschen das Paradies verlassen und sich über die Erde verbreitet. Und die Menschen hatten es so weit gebracht, dass sie gelernt hatten, den Boden zu bebauen und das Meer zu befahren, sie hatten sich Kleider und Zierrat geschaffen, ja sie hatten längst gelernt, große Tempel und mächtige Städte zu bauen wie Theben, Rom und Jerusalem.

Da brach ein neuer Tag an, der auch in der Geschichte der Erde lange nicht vergessen werden sollte, und am Morgen dieses Tages saß das Rotkehlchen auf einem kleinen nackten Hügel vor den Mauern Jerusalems und sang seinen Jungen vor, die in dem kleinen Nest in einem niedrigen Dornenbusch lagen.

Das Rotkelchen erzählte seinen Kleinen von dem wunderbaren Schöpfungstage und von der Namensgebung, wie jedes Rotkehlchen es seinen Kindern erzählt hatte, von dem ersten an, das Gottes Wort gehört hatte und aus Gottes Hand hervorgegangen war. „Und nun seht", schloss es betrübt, „so viele Rosen haben geblüht, so viele junge Vögel sind aus ihren Eiern gekrochen, so viele, dass keiner sie zählen kann, aber das Rotkehlchen ist immer noch ein kleiner grauer Vogel, es ist ihm noch nicht gelungen, die roten Brustfedern zu erringen."

Die kleinen Jungen rissen ihre Schnäbel weit auf und fragten, ob ihre Vorfahren nicht versucht hätten, irgendeine Großtat zu vollbringen, um die unschätzbare rote Farbe zu erringen.

„Wir haben alle getan, was wir konnten", sagte der kleine Vogel, „aber es ist uns allen misslungen. Schon das erste Rotkehlchen traf einmal einen anderen Vogel, der ihm völlig glich, und es begann sogleich, ihn mit so heftiger Liebe zu lieben, dass es seine Brust erglühen fühlte. Ach, dachte es da, nun verstehe ich es: Der liebe Gott will, dass ich so heiß liebe, dass meine Brustfedern sich von der Liebesglut, die in meinem Herzen wohnt, rot färben. Aber es misslang ihm, wie es allen nach ihm misslungen ist und wie es auch euch misslingen wird." Die kleinen Jungen zwitscherten betrübt, sie begannen schon darüber zu trauern, dass die rote Farbe ihre kleine flaumige Kehle nicht schmücken sollte. „Wir hofften auch auf den Gesang", sagte der alte Vogel, in lang gezogenen Tönen sprechend. „Schon das erste Rotkehlchen sang so, dass seine Brust vor Begeisterung schwoll, und es wagte wieder zu hoffen. Ach, dachte es, die Sangesglut, die in meiner Seele wohnt, wird meine Brustfedern rot färben. Aber es täuschte sich, wie alle nach ihm sich getäuscht haben und wie auch ihr euch täuschen werdet."

Wieder hörte man ein trübseliges Piepsen aus den halb nackten Kehlen der Jungen.

„Wir hofften auch auf unseren Mut und unsere Tapferkeit", sagte der Vogel. „Schon das erste Rotkehlchen kämpfte tapfer mit andern Vögeln, und seine Brust erglühte vor Kampfeslust. Ach, dachte es, meine Brustfedern werden sich rot färben von der Kampfeslust, die in meinem Herzen flammt. Aber es scheiterte, wie alle nach ihm scheiterten und wie auch ihr scheitern werdet."

Die winzigen Jungen piepsten mutig, dass sie es doch versuchen wollten, den erstrebten Preis zu gewinnen, aber der alte Vogel antwortete ihnen betrübt, dass dies unmöglich sei. Was könnten sie hoffen, wenn so viele ausgezeichnete Vorfahren das Ziel nicht erreicht hätten? Was könnten sie mehr tun als lieben, singen und kämpfen? Was könnten ... Der Vogel hielt mitten im Satz inne, denn aus einem

Tore Jerusalems kam eine Menschenmenge gezogen, und die ganze Schar eilte den Hügel hinan, wo der Vogel sein Nest hatte.

Da waren Reiter auf stolzen Rossen, Krieger mit langen Lanzen, Henkersknechte mit Nägeln und Hämmern, da waren würdig einherschreitende Priester und Richter, weinende Frauen und allen voran eine Menge wild umherlaufendes Volk, ein gräuliches, heulendes Geleite von Landstreichern.

Der kleine graue Vogel saß zitternd auf dem Rande seines Nestes. Er fürchtete jeden Augenblick, dass der kleine Dornenbusch niedergetreten und seine kleinen Jungen getötet werden würden. „Nehmt euch in Acht", rief er den kleinen schutzlosen Jungen zu, „kriecht dicht zusammen und verhaltet euch still! Hier kommt ein Krieger mit Eisen beschlagenen Sandalen! Hier kommt die ganze wilde Schar angestürmt!"

Mit einem Male hörte der Vogel mit seinen Warnungsrufen auf, er wurde still und stumm. Er vergaß beinahe die Gefahr, in der er schwebte.

Plötzlich hüpfte er in das Nest hinunter und breitete die Flügel über seine Jungen.

„Nein, das ist zu entsetzlich", sagte er. „Ich will nicht, dass ihr diesen Anblick seht, da sind drei Missetäter, die gekreuzigt werden sollen."

Und er breitete ängstlich die Flügel aus, sodass die Kleinen nichts sehen konnten. Sie vernahmen nur donnernde Hammerschläge, Klagerufe und das wilde Geschrei des Volkes.

Das Rotkehlchen folgte dem ganzen Schauspiel mit Augen, die sich vor Entsetzen weiteten. Es konnte die Blicke nicht von den drei Unglücklichen wenden. „Wie grausam die Menschen sind!", sagte der Vogel nach einem Weilchen. „Es ist ihnen nicht genug, dass sie diese armen Wesen ans Kreuz nageln, nein, auf dem Kopfe des einen haben sie noch eine Krone aus stechenden Dornen befestigt." „Ich sehe, dass die Dornen seine Stirn verwundet haben und dass Blut fließt", fuhr es fort. „Und dieser Mann ist so schön und sieht mit so milden Blicken um sich, dass jeder ihn lieben müsste. Mir ist, als ginge eine Pfeilspitze durch mein Herz, wenn ich ihn leiden sehe."
Der kleine Vogel begann ein immer stärkeres Mitleid mit dem Dornengekrönten zu fühlen. „Wenn ich mein Bruder, der Adler, wäre", dachte er, „würde ich die Nägel aus seinen Händen reißen und mit meinen starken Klauen alle die Leute verscheuchen, die ihn peinigen."
Er sah, wie das Blut auf die Stirn des Gekreuzigten tropfte, und da vermochte er nicht mehr still in seinem Nest zu bleiben. „Wenn ich auch nur klein und schwach bin, so muss ich doch etwas für diesen armen Gequälten tun können", dachte der Vogel und er verließ sein Nest und flog hinaus in die Luft, weite Kreise um den Gekreuzigten beschreibend. Er umkreiste ihn mehrere Male, ohne dass er sich näher zu kommen traute, denn er war ein scheuer kleiner Vogel, der es nie gewagt hatte, sich einem Menschen zu nähern. Aber

allmählich fasste er Mut, flog ganz nah hinzu und zog mit seinem Schnabel einen Dorn aus, der in die Stirn des Gekreuzigten gedrungen war.

Aber während er dies tat, fiel ein Tropfen von dem Blute des Gekreuzigten auf die Kehle des Vogels. Der verbreitete sich rasch und färbte alle die kleinen zarten Brustfedern. Wie der Vogel wieder in sein Nest kam, riefen ihm seine kleinen Jungen zu: „Deine Brust ist rot, deine Brustfedern sind roter als Rosen!" „Es ist nur ein Blutstropfen von der Stirn des armen Mannes", sagte der Vogel. „Er verschwindet, sobald ich in einem Bach bade oder in einer klaren Quelle."

Aber so viel der kleine Vogel auch badete, die rote Farbe verschwand nicht von seiner Kehle, und als seine Kleinen herangewachsen waren, leuchtete die blutrote Farbe auch von ihren Brustfedern, wie sie auf jedes Rotkehlchens Brust und Kehle leuchtet, bis auf den heutigen Tag.

Selma Lagerlöf

Die Henne

Es war 'mal eine Henne fein,
die legte fleißig Eier;
und pflegte denn ganz ungemein,
wenn sie ein Ei gelegt, zu schrein,
als wär' im Hause Feuer.
Ein alter Truthahn in dem Stall,
der Fait vom Denken machte,
war bös darob und Knall und Fall
trat er zur Henn' und sagte:
„Das Schrein, Frau Nachbarin,
war eben nicht vonnöten;
und weil es doch zum Ei nichts tut,
so legt das Ei, und damit gut!
Hört, seid darum gebeten!
Ihr wisset nicht, wie's durch den Kopf mir
geht."
„Hm!", sprach die Nachbarin und tät
mit einem Fuß vortreten.
„Ihr wisst wohl schön, was heuer
die Mode mit sich bringt, Ihr ungezognes
Vieh!
erst leg' ich meine Eier,
denn rezensier' ich sie."

Matthias Claudius

Der storchartige Vogel

Als ich abends nach Hause kam, fand ich in der Mitte des Zimmers ein großes, ein übergroßes Ei. Es war fast so hoch wie der Tisch und entsprechend ausgebaucht. Leise schwankte es hin und her. Ich war sehr neugierig, nahm das Ei zwischen die Beine und schnitt es vorsichtig mit dem Taschenmesser entzwei. Es war schon ausgetragen. Zerknitternd fiel die Schale auseinander und hervor sprang ein storchartiger, noch federloser, mit zu kurzen Flügeln die Luft schlagender Vogel. „Was willst du in unserer Welt?", hatte ich Lust zu fragen, hockte mich vor den Vogel nieder und sah ihm in seine ängstlich zwinkernden Augen. Aber er verließ mich und hüpfte die Wände entlang, halb flatternd wie auf wehen Füßen. „Einer hilft dem andern", dachte ich, packte auf dem Tisch mein Abendessen aus und winkte dem Vogel, der drüben gerade seinen Schnabel zwischen meine paar Bücher bohrte. Gleich kam er zu mir, setzte sich, offenbar schon ein wenig eingewöhnt, auf einen Stuhl, mit pfeifendem Atem begann er die Wurstschnitte, die ich vor ihn gelegt hatte, zu beschnuppern, spießte sie aber lediglich auf und warf sie nur wieder hin. „Ein Fehler", dachte ich, „natürlich, man springt nicht aus dem Ei, um gleich mit Wurstessen anzufangen. Hier wäre Frauenerfahrung nötig." Und ich sah ihn scharf an, ob ihm vielleicht seine Essenswünsche von außen abzulesen wären.

„Kommt er", fiel mir dann ein, „aus der Familie der Störche, dann werden ihm gewiss Fische lieb sein." Nun, ich bin bereit, sogar Fische ihm zu verschaffen. Allerdings nicht umsonst. Meine Mittel erlauben mir nicht, mir einen Hausvogel zu halten. Bringe ich also solche Opfer, will ich einen gleichwertigen lebenerhaltenden Lebensdienst. Er ist ein Storch, möge er mich also, bis er ausgewachsen und von meinen Fischen gemästet ist, mit in die südlichen Länder nehmen. Längst schon verlangt es mich, dorthin zu reisen, und nur mangels Storchflügel habe ich es bisher unterlassen.

Sofort holte ich Papier und Tinte, tauchte des Vogels Schnabel ein und schrieb, ohne dass mir vom Vogel irgendein Widerstand entgegengesetzt worden wäre, Folgendes: „Ich, storchartiger Vogel, verpflichte mich für den Fall, dass du mich mit Fischen, Fröschen und Würmern (diese zwei letzten Lebensmittel fügte ich der Billigkeit halber hinzu) bis zum Flüggewerden nährst, dich auf meinem Rücken in die südlichen Länder zu tragen." Dann wischte ich den Schnabel rein und hielt dem Vogel nochmals das Papier vor Augen, ehe ich es zusammenfaltete und in meine Brieftasche legte.

Dann aber lief ich gleich um Fische; diesmal musste ich sie teuer bezahlen, doch versprach mir der Händler, nächstens immer verdorbene Fische und reichlich Würmer für billigen Preis bereitzustellen. Vielleicht würde die südliche Fahrt nicht gar zu teuer werden. Und es freute mich zu sehn, wie das Mitgebrachte dem Vogel schmeckte. Glucksend wurden die Fische hinabgeschluckt und füllten das rötliche Bäuchlein.

Tag für Tag, unvergleichlich mit Menschenkindern, machte der Vogel Fortschritte in seiner Entwicklung. Zwar verließ der unerträgliche Gestank der faulen Fische nicht mehr mein Zimmer und nicht leicht war es, den Unrat des Vogels immer aufzufinden und zu beseitigen, auch verbot die Winterkälte und die Kohlenteuerung die außerordentlich nötige Lüftung, – was tat es, kam das Frühjahr, schwamm ich in leichten Lüften dem strahlenden Süden zu. Die Flügel wuchsen, bedeckten sich mit Federn, die Muskeln erstarkten, es war Zeit, mit den Flugübungen zu beginnen. Leider war keine Storchmutter da, wäre der Vogel nicht so willig gewesen, mein Unterricht hätte wohl nicht genügt. Aber offenbar sah er ein, dass er durch peinliche Aufmerksamkeit und größte Anstrengung die Mängel meiner Lehrbefähigung ausgleichen müsse. Wir begannen mit dem Segelflug. Ich stieg hinauf, er folgte, ich sprang mit ausgebreiteten Armen hinab, er flatterte hinterher. Später gingen wir zum Tisch über und zuletzt zum Schrank, immer aber wurden alle Flüge systematisch vielmal wiederholt.

Franz Kafka

Amsel, Drossel, Fink und Star – Das poetische Frühlingsvögel-Lexikon

**msel**

der wahre vogel

fang eine liebe amsel ein
nimm eine schere zart und fein
schneid ab der amsel beide bein
amsel darf immer fliegend sein
steigt höher auf und höher
bis ich sie nicht mehr sehe
und fast vor lust vergehe
das müsst ein wahrer vogel sein
dem niemals fiel das landen ein

Ernst Jandl

Die Amseln haben Sonne getrunken

Die Amseln haben Sonne getrunken,
aus allen Gärten strahlen die Lieder,
in allen Herzen nisten die Amseln,
und alle Herzen werden zu Gärten
und blühen wieder.

Nun wachsen der Erde die großen Flügel
und allen Träumen neues Gefieder,
alle Menschen werden wie Vögel
und bauen Nester im Blauen.

Nun sprechen die Bäume im grünen Ge-
dränge
und rauschen Gesänge zur hohen Sonne,
in allen Seelen badet die Sonne,
alle Wasser stehen in Flammen,
Frühling bringt Wasser und Feuer
liebend zusammen.

Max Dauthendey

ompfaff

März

Nach diesem wintermilden Jahr
Der Dompfaff sitzt im Ahorn feist.
Es lärmt der Spatzen Bettlerschar
Und brüstet sich nur doppelt dreist
Der nie bestandenen Gefahr
Vergessend, dass sie Gott gespeist.
Ein Star,
Weitgereist
In Liedern lang und wunderbar,
Die Süßigkeit der Heimat preist.

Eugen Roth

rossel

Der Drossel Schlag

Der Drossel Schlag
erinnert mich an manchen Tag,
wo ich horchend im Walde lag,
horchend, was wohl bedeuten mag
der Drossel Schlag.
Der Drossel Schlag
deutete damals auf einen Tag,
der vorwärts in duftiger Ferne lag,
auf den zurück nun deuten mag
der Drossel Schlag.

Friedrich Rückert

inken

Finkenlied

Vom Gesange lust'ger Finken
durch das Fenster aufgeweckt
lasse ich den Schleier sinken,
der mir meine Seele deckt.

Durch des alten Birnbaums Blüten
schaut zwar trüber Himmel her,
doch in meiner Brust ist Frieden,
ach wenn's doch der ew'ge wär'.

Nein, jetzt kann ich gar nicht trauern,
alles scheint mir lieb und gut,
und mir wächst da überm Lauern
auch ein Finkenliedermut.

Wie die kleinen Sänger schweben,
wie es sehnt und lockt und zirpt.
O wie herrlich klingt das Leben,
wenn's zu neuem Leben wirbt.

Keiner fällt ohn' Gottes Willen
von dem Dach, vom Haupt kein Haar,
und mein Schmerz lässt sich schon stillen,
weil ich einst unschuldig war.

Und bin ich gleich abgefallen,
fiel ich doch in Gottes Schoß,
lieg' da mit den andern allen
heil in seiner Gnade groß.

Munter, Herz, schwing dein Gefieder
auf, wohl auf zum Kreuzesbaum,
täglich Sonne, täglich Lieder,
alle Nacht ein frommer Traum!

Und ein Nest in seine Wunden
meiner Leidensbrut ich bau',
grün liegt seine Erde unten,
oben schwebt sein Himmel blau.

Clemens Brentano

Kiebitz

Es erklingen alle Bäume

Es erklingen alle Bäume,
und es singen alle Nester –
wer ist der Kapellenmeister
in dem grünen Waldorchester?

Ist es dort der graue Kiebitz,
der beständig nickt so wichtig?
Oder der Pedant, der dorten
immer kuckuckt, zeitmaßrichtig?

Ist es jener Storch, der ernsthaft,
und als ob er dirigieret',
mit dem langen Streckbein klappert,
während alles musizieret?

Nein, in meinem eignen Herzen
sitzt des Walds Kapellenmeister,
und ich fühl, wie er den Takt schlägt,
und ich glaube, Amor heißt er.

Heinrich Heine

Kuckuck

Frühlingsbotschaft

Kuckuck, kuckuck ruft's aus dem Wald.
Lasset uns singen, tanzen und springen.
Frühling, Frühling wird es nun bald.

Kuckuck, Kuckuck lässt nicht sein Schrei'n:
Komm in die Felder, Wiesen und Wälder.
Frühling, Frühling, stelle dich ein.

Kuckuck, Kuckuck, trefflicher Held.
Was du gesungen, ist dir gelungen.
Winter, Winter räumet das Feld.

August Heinrich Hoffmann von Fallersleben

Kuckuck

Wir Vögel singen nicht egal;
der singet laut, der andre leise,
Kauz nicht wie ich, ich nicht wie Nachtigall,
ein jeder hat so seine Weise.

Matthias Claudius

Der Kuckuck zaubert

Der Kuckuck im Laub
zaubert sein Ritual
mit geübter Zweisilbigkeit
Deutlich hört man seinen
magischen Mund den
Sommer beschwören

Die Wetterfee hält
im Ausland den Schnee gefangen
Sonnenlachen weiten sich
zu Seen wo Weiden baden
und Schwalben

Im Nest rührt sich das Ei
erwacht in Pans Arm
die Nachtigall

Der Mücken ephemeres Ballett
schreibt helle Kreise
aufs unvergängliche Luftblatt

Rose Ausländer

Frühlingsorakel

Du prophet'scher Vogel, du,
Blütensänger, o Coucou!
Bitten eines jungen Paares
in der schönsten Zeit des Jahres
höre, liebster Vogel, du;
kann es hoffen, ruf ihm zu
dein Coucou, dein Coucou,
immer mehr Coucou, Coucou.

Hörst du! Ein verliebtes Paar
sehnt sich herzlich zum Altar;
und es ist bei seiner Jugend
voller Treue, voller Tugend.
Ist die Stunde denn noch nicht voll?
Sag, wie lange es warten soll?
Horch! Coucou! Horch! Coucou!
Immer stille! Nichts hinzu!

Ist es doch nicht unsre Schuld!
Nur zwei Jahre noch Geduld!
Aber, wenn wir uns genommen,
werden Pa-pa-papas kommen?
Wisse, dass du uns erfreust,
wenn du viele prophezeist.
Eins! Coucou! Zwei! Coucou!
Immer weiter Coucou, Coucou, Cou.

Haben wir wohl recht gezählt,
wenig am Halbdutzend fehlt.
Wenn wir gute Worte geben,
sagst du wohl, wie lang wir leben?
Freilich, wir gestehen dir's,
gern zum längsten trieben wir's.
Cou Coucou, Cou Coucou,
Cou, Cou, Cou, Cou, Cou, Cou, Cou,
Cou, Cou.

Leben ist ein großes Fest,
wenn sich's nicht berechnen lässt.
Sind wir nun zusammenblieben,
bleibt denn auch das treue Lieben?
Könnte das zu Ende gehn,
wär doch alles nicht mehr schön.
Cou Coucou, Cou Coucou :/:
Cou, Cou, Cou, Cou, Cou, Cou, Cou,
Cou, Cou!

(Mit Grazie in infinitum)

Johann Wolfgang von Goethe

erche

Erste Lerche

Zwischen
Gräben und grauen Hecken,
den Rockkragen hoch,
beide Hände in den Taschen,
schlendere ich
durch den frühen
Märzmorgen.

Falbes Gras,
blinkende Lachen und schwarzes Brachland,
so weit ich sehen kann.

Dazwischen,
mitten in den weißen Horizont hinein,
wie erstarrt,
eine Weidenreihe.

Ich bleibe stehen.

Nirgends ein Laut. Noch nirgends Leben.
Nur die Luft und die Landschaft.

Und sonnenlos
wie den Himmel
fühle ich
mein Herz.
Plötzlich – ein Klang!

Ein zager, zarter zitternder Jubel,
der,
langsam,
immer höher
steigt!

Ich suche in den Wolken.

Über mir,
wirbelnd, schwindend, flatterdrehig,
flügelselig, kaum entdeckbar,
pünktchenschwarz,
schmetternd,
durch
immer heller strömendes Licht,
die
erste Lerche!

Arno Holz

Die Lerche

Ich kann hier nicht singen,
aus dieser Mauern dunklen Ringen
muss ich mich schwingen
vor Lust und tiefem Weh.
O Freude, in klarer Höh
zu sinken und sich zu heben,
in Gesang
über die grüne Erde dahinzuschweben,
wie unten die licht' und dunkeln Streifen
wechselnd im Fluge vorüberschweifen,
aus der Tiefe ein Wirren und Rauschen
und Hämmern,
die Erde aufschimmernd im Frühlingsdämmern,
wie ist die Welt so voller Klang!
Herz, was bist du bang?
Musst aufwärtsdringen!
Die Sonne tritt hervor,
wie glänzen mir Brust und Schwirgen,
wie still und weit ist's droben am Himmelstor!

Joseph von Eichendorff

Winter ade!

So hört doch, was die Lerche singt!
Hört, wie sie frohe Botschaft bringt!
Es kommt auf goldnem Sonnenstrahl
der Frühling heim in unser Tal,
er streuet bunte Blumen aus
und bringet Freud' in jedes Haus.
Winter, ade!
Frühling, juchhe!

Was uns die liebe Lerche singt,
in unsern Herzen widerklingt.
Der Winter sagt ade, ade!
Und hin ist Kälte, Reif und Schnee
und Nebel hin und Dunkelheit –
willkommen, süße Frühlingszeit!
Winter, ade!
Frühling, juchhe!

August Heinrich Hoffmann von Fallersleben

Frühe

Im Osten graut's, der Nebel fällt,
wer weiß, wie bald sich's rühret!
Doch schwer im Schlaf noch ruht die Welt,
von allem nichts verspüret.

Nur eine frühe Lerche steigt,
es hat ihr was geträumet
vom Lichte, wenn noch alles schweigt,
das kaum die Höhen säumet.

Die Lerche grüßt den ersten Strahl,
dass er die Brust ihr zünde,
wenn träge Nacht noch überall
durchschleicht die tiefen Gründe.

Und du willst, Menschenkind, der Zeit
verzagend unterliegen?
Was ist dein kleines Erdenleid?
Du musst es überfliegen!

Joseph von Eichendorff

Aus einem April

Wieder duftet der Wald.
Es heben die schwebenden Lerchen
mit sich den Himmel empor,
der unseren Schultern schwer war;
zwar sah man noch durch die Äste den Tag,
wie er leer war –
aber nach langen, regnenden Nachmittagen
kommen die goldübersonnten
neueren Stunden,
vor denen flüchtend an fernen Häuserfronten
alle die wunden
Fenster furchtsam mit Flügeln schlagen.

Dann wird es still. Sogar der Regen geht leiser
über der Steine ruhig dunkelnden Glanz.
Alle Geräusche ducken sich ganz
in die glänzenden Knospen der Reiser.

Rainer Maria Rilke

Die Lerche

Strahlend im heitersten Blau steht die Sonne;
aber früh noch ist es im Lenz,
und eisige Lüfte hauchen noch
von den Bergen herüber,
wo hartnäckig der Winter sich festgefroren
in tannenumdunkelten Klüften.

Dennoch vom erstarrten Blachfeld
schwingt sich mit kämpfendem Flügel
die Lerche empor,
hin und her geschleudert vom Sturm,
aber die jauchzende Brust umfunkelt
vom ewigen Licht –
schwing' dich ihr nach, du mein geflügeltes
Lied!

Ferdinand von Saar

Meise

Frühling

Hoch oben von dem Eichenast
eine bunte Meise läutet
ein frohes Lied, ein helles Lied,
ich weiß auch, was es bedeutet.

Es schmilzt der Schnee,
es kommt das Gras,
die Blumen werden blühen;
es wird die ganze weite Welt
in Frühlingsfarben glühen.

Die Meise läutet den Frühling ein,
ich hab' es schon lange vernommen;
er ist zu mir bei Eis und Schnee
mit Singen und Klingen gekommen.

Hermann Löns

Nachtigall

Ex tempore

In dicht verwachsnem Laub verborgen,
sang eine Nachtigall einst einen Frühlingsmorgen;
bald tönten Lieder überall,
sie sangen ihm aus vollem Halse Lieder,
und Tal und Hügel hallten wider –
da schwieg die Nachtigall.

Matthias Claudius

 # Rotkelchen

Rotkehlchen

Das Rotkehlchen gar früh aufsteht,
und wenn ich dann erwach,
grüßt es die liebe Morgenröt
hoch oben auf dem Dach,
wie lieblich ist sein Zücken,
wie rötlich seine Kehl,
mein Herz tut es erquicken,
ermuntern meine Seel.

Ludwig Achim von Arnim

Schwalbe

Jedes Jahr

Und immer wieder sinkt der Winter,
und immer wieder wird es Frühling,
und immer, immer wieder stehst du
und freust dich an dem ersten Grün,
und wenn die kleinen Veilchen blühn,
und immer wieder ist es schön
und macht es jung und macht es froh,
und ob du's tausendmal gesehn:
Wenn hoch in lauen blauen Lüften
die ersten Schwalben lustig zwitschern ...
immer wieder ... jedes Jahr ...
sag, ist das nicht wunderbar?!

Cäsar Flaischlen

An die Schwalbe

Liebe Kleine, kommst du wieder?
Zu dem Alten, der dich liebt
und für deine süßen Lieder
dir so gern ein Obdach gibt?

Sei willkommen, liebe kleine
Wiederkommerin; du bringst
mir die wärmern Sonnenscheine,
welche du so schön besingst.

Singen kannst du, kannst nicht sprechen:
Das ist schade, sonst fragt ich
nach den Strömen, nach den Bächen,
die du sahst, du Liebe, dich.

An dem einen und dem andern
wohnt ein lieber Freund von mir.
Du kannst fliegen, ich nur wandern;
schau, sonst flög ich oft mir dir.

Lerne sprechen, liebe Kleine!
Wenn du's kannst, dann nenn ich dir
meine lieben Freund' am Rheine,
und du grüßest sie von mir.

Johann Wilhelm Ludwig Gleim

Spatz

Damit ich glücklich wäre

Das müsste sein von jenen blanken
Lenztagen einer, da die Kranken
man vor die dunklen Türen bringt.
Im Flieder ist ein Spatzenzanken,
weil keinem rechter Sang gelingt.
Der Bach, dem alle Bande sanken,
weiß nicht, was tun vor Glück, und springt
bis aufwärts zu den Bretterplanken,
dahinter Beete, kiesumringt,
und Blumenblühn und Birkenschwanken.
Und vor dem Häuschen, goldbezinkt,
um das der Frühling seine Ranken
wie liebeleise Arme schlingt –
ein blondes Kind, das in Gedanken
das schönste meiner Lieder singt.

Rainer Maria Rilke

Frühlingsgewölk

Frühlingsgewölk. Die Stare
singen schön.
Die ersten Regentropfen trillern
am Dach.

Die Wetterfahne weht
nach Süden.
Die kleine Wiese
weiß viel.

Träum ich die Tanne?
Träumt die Tanne mich?
Es lebt und stirbt
sich leicht.

Klabund

Quellenverzeichnis

Texte

Rose Ausländer, Der Kuckuck zaubert. Aus: dies., Gesammelte Werke. Die Sichel mäht die Zeit zu Heu, herausgegeben von Helmut Braun © 1985, S. Fischer Verlag GmbH, Frankfurt

Heinz Erhardt, Humanistisches Frühlingslied. Aus: Der große Heinz Erhardt © Lappan in der Carlsen Verlag GmbH, Hamburg 2009.

Josef Guggenmos, Warum Frau Kuckuck ihre Eier in fremde Nester legt. Aus: ders., Was denkt die Maus am Donnerstag? © 1998 Beltz & Gelberg in der Verlagsgruppe Beltz, Weinheim & Basel

Ernst Jandl, der wahre vogel. Aus: ders., Werke in 6 Bänden. Hrsg. Klaus Siblewski, Teil 3, die bearbeitung der mütze, S. 386 © 2016 Luchterhand Literaturverlag, München, ein Unternehmen der Verlagsgruppe Penguin Random House GmbH

Agnes Marx, Ein verheißungsvoller Frühlingstag. © Alle Rechte bei der Autorin

Eugen Roth, März © Dr. Thomas Roth, München

Eugen Skasa-Weiß, Dem Frühling auf der Spur. Aus: Kleine Bettlektüre mit besten Wünschen zur Frühlings- und Osterzeit 1991, Scherz Verlag 1991 © Eugen Skasa-Weiß Erben

Erwin Strittmatter, Das große Aufatmen. Aus: ders., 3/4hundert Kleingeschichten © Aufbau Verlage GmbH & Co. KG, Berlin 2001 (die Originalausgabe erschien 1971 im Aufbau Verlag; Aufbau ist eine Marke der Aufbau Verlage GmbH & Co. KG).

Erwin Strittmatter, Der Star und sein Weib (Eintrag vom 25.04.1967). Aus: ders., Wahre Geschichten aller Ard(t). Aus Tagebüchern © Aufbau Verlage GmbH & Co.KG, Berlin (dieses Werk erschien erstmals 1990 im Aufbau Verlag; Aufbau ist eine Marke der Aufbau Verlage GmbH & Co. KG)

Bilder

Wir danken allen Rechteinhabern für die freundlich erteilte Abdruckerlaubnis. Der Verlag hat sich bemüht, alle Rechteinhaber in Erfahrung zu bringen. Für zusätzliche Hinweise sind wir dankbar.